特別区主任職選考対策

短期間で身につく
特別区主任論文
の書き方

昇任・昇格試験
スタンダード研究会

公人の友社

はしがき

　特別区の主任試験の科目が変更となり、択一と同時に、ほとんどの区で、論文が加わることとなった。

　これまで、択一だけの区が多かったが、論文の追加に、戸惑いの声が届いている。

　「論文って、どう書けばいいの」、すなおな、戸惑いの声である。

　その声に、わたしも、同感する。

　わたし自身も、論文で苦労した経験がある。

　だから、論文に挑戦する職員の気持を、いたいほど理解できる。

　でも、サイコロは投げられた。挑戦するしか、道はないのである。

　そこで、つたない、わたしの経験をもとに、挑戦者へのアドバイスを兼ねて、論文の書き方を出すことにした。

　とにかく、参考になるアドバイスを待っている人や、どのように書くかの見本が欲しいという声に、応えることにする。

　ここに書かれているのは、あくまでアドバイスであり、見本であって、これをみなさんが、参考にして、それなら、自分ならこう書くと、添削していただいて結構である。

　書いていて、言葉が出てこなければ、人のものを真似ても結構である。全部を真似ると、バレてしまうので、適当に自分の言葉に置き換えると、いいのかもしれない。

　この論文の書き方が、特別区の主任受験者の一助になれれば、幸いに思う。

もくじ

I　主任論文とは？ ……………………………………………… 7

 1　はじめに …………………………………………………… 8

 2　論文のウエイト ………………………………………… 10

 3　論文への挑戦 …………………………………………… 11

 4　論文と作文の違い ……………………………………… 12

 5　論文の評価 ……………………………………………… 13

 6　「問題意識」 …………………………………………… 14

 7　具体的に問題意識を確認する ……………………… 15

 8　「理解力」 ……………………………………………… 17

 9　「表現力」 ……………………………………………… 18

 10　論文の構成 …………………………………………… 19

 11　論文作成の留意点 …………………………………… 23

II　主任論文の作成方法 …………………………………… 27

 1　「序論」とは？ ………………………………………… 28

 2　序論〔文例1〕

  職場におけるモラールアップの施策について、あなたの考

  えを述べてください。 ………………………………… 29

 3　序論〔文例2〕

  高齢化の時代における行政の仕事について、あなたの考え

  を述べてください。 …………………………………… 30

もくじ

4 「本論」の意味 ……………………………………………… 32

5 「本論」の書き方 ………………………………………… 33

6 本論〔文例1〕
　職場におけるモラールアップの施策について、あなたの考
　えを述べてください。………………………………………… 34

7 本論〔文例2〕
　主任として仕事を遂行するために、心がけなければならな
　いことについて、あなたの考えを述べてください。………… 37
　本論〔文例2-2〕………………………………………… 40

8 本論〔文例3〕
　区民に信頼される行政を遂行するために、職場はどうある
　べきかについて、あなたの考えを述べてください。………… 42

9 本論〔文例4〕
　あなたの仕事のなかで、改善すべき点をあげ、どうあるべ
　きかについて、あなたの考えを述べてください。…………… 45

10 本論〔文例5〕
　活力ある職場づくりについて、どうあるべきか、あなたの
　考えを述べてください。……………………………………… 48

11 本論〔文例6〕
　職場のコミュニケーションと主任の役割について、あなた
　の考えを述べてください。…………………………………… 51

12 本論〔文例7〕
　時代に即した区政を進めるための職員の意識改革について、
　あなたの考えを述べてください。…………………………… 54

13 本論〔文例8〕
　区民から苦情を受けたときの対応について、あなたの考え
　を述べてください。…………………………………………… 58

5

もくじ

14 本論〔文例9〕
効果的な職場研修のあり方について、あなたの考えを述べてください。……………………………………………… 61

15 本論〔文例10〕
住みよいまちづくりについて、あなたの考えを述べてください。……………………………………………………… 64

16 本論〔文例11〕
災害に強いまちづくりについて、あなたの考えを述べてください。……………………………………………………… 67

17 本論〔文例12〕
人口減少社会の到来を受けた行政のあり方について、あなたの考えを述べてください。…………………………… 70

18 本論〔文例13〕
情報技術社会 (IT) や人工知能社会 (AI) の到来を受けた行政のあり方について、あなたの考えを述べてください。……… 73

19 本論〔文例14〕(付録：四段構成の場合)
住民ニーズの多様化と行政のあり方について、あなたの考えを述べてください。……………………………… 76

20 結論〔文例〕
職場におけるモラールアップの施策について、あなたの考えを述べてください。……………………………………… 81

21 おわりに ……………………………………………… 82

6

I　主任論文とは？

I　主任論文とは

1　はじめに・・・・・・・・・・・・・・

主任試験に、「択一」以外に、「論文」を

　特別区が、昇任選考・能力の実証のあり方の、見直し作業を続けている。

　主任選考（種別Ａ）で、ほとんどの区で、「択一」以外に、「論文」を課す方向で調整が続いている。

　これらの動きは、平成 30 年度の行政系人事制度の改正に伴うものであり、主任職は、係長職への昇任を前提とする位置づけにかわる。ゆえに、主任試験の段階で、今後、必要となる「文章の作成能力」を検証するとして、論文の出題が、強まっているものと思われる。

ところで、思い返すと、

　むかし、むかしのことになるが、特別区の職員は、都の配属職員が主であった。都の職員に採用されたあと、各区に配属される制度である。都の身分を持ちながら、区に勤務する形である。もちろん、身分関係も都のものが適用され、職員は、採用の次に、主事への昇任の機会が与えられていた。

　大卒で採用された者は、一年間は主事補であったが、一年を経過すると、翌年度に主事試験に挑戦できたのである。

　当時、主事の数は、各係に、おおむね１〜２名程度であり、係長に次いで、係をリードする役割を担っていた。

　主事のなかでも、次席は、係長なみの采配である。ときどき、「主事だけ集まれ」の号令がかかるときがあり、主事になれないと、相手にされないような雰囲気が、職場内にあったことを記憶している。

　当の主事自身も、「知事と主事は一字違いだ」といって、はばからない先輩もいた。

昭和49年に自治法が改正され、翌年度から都の配属職員制度はなくなり、都に戻るか、特別区に留まるかの選択があり、その後も、事情があれば、都区間の交流も可能であることから、多くは、住み慣れた特別区にとどまった。そして、特別区人事委員会も発足し、特別区独自の採用が始まることになる。

　主事に目をむけると、従来の主事試験はなくなり、平の職員でも、一定の経験年数さえつめば、人事の物差しで、係長になれる制度となっていた。

　そうこうするうちに、係長のポストがつまり、昇格の資格者が職場にあふれだした。人事当局は、対象者の不満を解消するために、係長までの中間ポストとして、主任主事の役職を設け、試験や選考を行い、給料表やボーナスの加算も提供した。いまから、40年も前の話である。

　だが近ごろ、主任主事試験には挑戦するものの、係長試験に挑戦する、前向きな職員が減る病理現象が起きてしまった。この事態を改善するねらいが、今回の制度改正の動きである。

　申し上げるまでもなく、いつの時代も、組織には、組織を引っ張るリーダーが必要なのである。管理職や係長がいなければ、組織は動かなくなるのである。制度の変更は、そんな危機感の表れでもある。

　そんな状況を受け止めて、平成30年度から、主任試験の合格者は、係長になるものとされ、従来、主任主事試験で行われていた「択一」に加え、係長試験で行われていた、文章能力の検証の「論文」が加わったのである。

I 主任論文とは

2 論文のウエイト・・・・・・・・・・・・・・

論文を甘く見ないこと

主任試験に論文が入ってきた。

「なに、主任に論文だって」と、おどろきをもって、迎えている人も多いことだろう。

すでに論文が入っていた区の人は、「当然だよ」といった顔をしていることだろう。係長の昇格に論文がある区もあった。いずれにせよ、昇任には、論文は避けてとおれない道なのである。

それだけではない。論文は、採点に差が大きくつくのである。

いい論文は、採点で 80 点や 90 点がつくが、何を書いているのか、よく分からない論文では、すぐに 30 点や 40 点になるのである。

「まあまあかな」と思われると、60 点から 70 点となる。

択一で、1 点、2 点の差を争っても、論文で評価が悪いと、大きな差となることを、まえもって、知っておく必要がある。

択一に自信があっても、論文で不合格ということはあり得るのである。

論文は、まあまあ、書いておけば、まあまあ、評価がもらえると、勘違いしているとしたら、大きな失敗につながる。ある程度の訓練は、必要なのである。

3 論文への挑戦・・・・・・・・・・・・・・

論文って、心配だよ

　主任試験を受けようとする人で、論文が好きだ、得意だという人は、あまり多く、いないのではないか。

　ほとんどの人は、「何を書けばよいのかわからない」、「どのように書けばよいのかわからない」という、不安をもっていることだろう。

　しかし、何も、むずかしく考える必要はない。

　主任試験の論文は、それぞれの区の主任を選ぶための論文であって、高度な知識や独創的な理論を求めているものではない。そのことを、まず、頭にたたき込まなければならない。

　一言でいうならば、これまでの普段の職務を通して、身につけてきた物事の考え方を、率直に表現すればよいのである。

　また、主任試験の論文は、区によって異なるが、多いところでは、2,000字のところもあるが、だいたい 800 ～ 1,200 字程度が多い。

　これは、一気に読みうる分量であり、これを話す場合には、大体 2 ～ 3 分ぐらいのものである。

　この程度のものであれば、職場で議論をするとき、あるいは、係長に仕事の報告をするときに、問題点を整理しながら、論理的に話を進めていくというかたちで、日常的に、だれもが経験していることである。

　今回、それらを文章で表現するのが、論文であり、その論文の作成には、少しながら、工夫する必要があることを、頭におきたい。

11

I 主任論文とは

4 論文と作文の違い・・・・・・・・・・・・・・

論文と作文とは違う

論文を書くことになって、「あれ、作文と、どう違うの」と、疑問をもつ人が多いことだろう。

簡単にいって、作文は、自分の感じたことや、思いついたことを、感想文のように書けばよい。

だが、論文は、作文とは違うのである。

論文では、与えられたテーマに応じて、自分の考え方を、筋道を立てて、論理だてて、書く必要がある。

「あなたの考え方を述べてください」、と出題されるものだから、この「あなたの考え方」の言葉に勘違いして、他人ごとに書かないことである。

「自分は、こう考える」と、自分の問題としてとらえ、そして、自分の主張や考え方を、相手方に伝わるように、「君の言うとおりだね」と、いわせるように書く必要がある。

まずもって、最初に、論文と作文は、違うことに注意する必要がある。

ただし、区の中では、論文とせずに、作文の出題としてあるところもあるが、これらも、一般の感想文などの「作文」ではなく、論文調の作文が期待されていることに、注意する必要がある。

5 論文の評価・・・・・・・・・・・・・・

挑戦するには、相手をみる

ここでは、論文で、「何が評価されるのか」について、考えておきたい。

まずもって、試験であるから、試験を行う相手方の「評価の方法」を知っておかなければならない。相手の評価の方法を知らなければ、戦いは、すでに、負けたに等しい。

論文は、おもに、「問題意識」、「理解度」、「表現力」を中心に評価される。そのほかに、誤字や脱字、文章の字数、なども、評価のなかに含まれる。

そこで、評価のウエイトが大きいところの、問題意識、理解度、表現力に対して、細心の注意を払うことを、お願いしたい。

I 主任論文とは

6 「問題意識」・・・・・・・・・・・・・・

まず、**「問題意識」**である。

　問題意識は、一般に、その出題のテーマに対して、「どこに問題があるのか」、「なぜ、これが問題なのか」を考えるのが、問題意識である。

　いうならば、現在の区役所のなかにおいて、あるいは、自らの職場のなかにおいて、問題を、いかに受け止めているかを、問うているのである。「特段、問題がありません」との、無関心では、論文は、書けないのである。

　この問題意識は、論文を書くにあたって、最も重要な要素をなしていることを、まずはじめに、知っておく必要がある。

　区役所全体に、自分の職場に、常に関心をもちながら、区民のために、われわれは、いかにあるべきかを考えつづけ、みずから改善しつづける姿勢を持たないかぎり、他の面がいかに優れていようとも、区役所の行政に従事するものとしては、失格となるのである。

　区役所とは、「区」民のために、「役」に立つ人がいる「所」といわれているが、この区民のために役に立つとは、立場によって異なるものの、主任も、組織の最前線をけん引するリーダーの一員として、しっかりした「問題意識」をもって、いなければならないのである。

　その問題意識を「確認」する一つの方法が、論文なのである。

14

7 具体的に問題意識を確認する・・・・・・・・・・・・・

　では、与えられた論文のテーマを、どのように考えたらいいのか。

　論文で試される問題意識は、そのテーマが、「なぜ、区役所の中心的な課題、もしくは、重要な課題として出されたのか」。それも、「なぜ、いまの時点で、課題として取り上げられたのか」。「区役所のなかに、たくさんある課題のなかで、なぜ、その課題が取り上げられたのか」ということを、徹底的に考える必要がある。

　そして、その際に、さらに、次の視点から、具体的に問題意識を確認する必要がある。

　その一つは、与えられたテーマを「主任として」、具体的に、いかに受け止めるべき課題なのかを、考える必要がある。

　組織は、役割分担を行って、個々に、問題解決にあたっている。

　その問題解決の一員である主任が、主任の立場で受け止め、主任の枠の中で、与えられた課題を、いかにして解決していくべきかの問題意識を、しっかり持つことが、必要とされている。

　その二つは、与えられたテーマを「区民の立場」に立って、いかに受け止めるべき課題なのかを、考える必要がある。

　いうまでもなく、区役所は、区民福祉の実現を図ることにある。区民の幸せをわが心として、どう受け止めていくべきかの問題意識を、しっかり持つことが、必要とされている。

　その三つは、与えられたテーマを、「上司の立場」に立って、いかに受け止

15

めるべき課題なのかを、考える必要がある。

　上は区長から、直属の係長までの連係プレーは、欠くことのできない要素である。上司との考えの違いは、問題処理の誤りにつながる。日頃からの情報交換を密にするなかで、与えられた課題を、いかにして、解決していくべきかの問題意識を、しっかり持つことが、必要とされている。

8 「理解力」・・・・・・・・・・・・・

　つぎに、**「理解力」**である。

　理解力とは、出題されたテーマのなかから、論じなければならない「主題」をとりだし、その主題を分析し、掘り下げて、解決策や考え方を示すことである。

　理解力を高めるには、ある程度の基礎知識が必要である。

　分析力を高めるためにも、相手を納得させる、ある程度の知識がなければならない。

　だが、その知識は、専門的である必要はない。テーマと予想されるものに対し、ある程度の知識を持ちあわせていればよい。

　持ち合わせがなければ、区役所の資料室や図書館で、各種の区の計画書に目をとおす。組織の知識が足りないと感じるならば、組織に関する本を読んでみる。そうした基礎知識の習得は、必要となる。

Ⅰ　主任論文とは

9　「表現力」・・・・・・・・・・・・・

　さらに、**「表現力」**である。

　問題意識をもち、理解力を加えて、最後に「表現力」である。

　表現力は、個人差があり、大変むずかしいけれど、表現するときに、専門的用語や情緒的な表現を使う必要はない。

　自分の言葉で表現すればよいことになる。

　少しだけ、格調高くしたいと思うならば、使う言葉を、新聞や雑誌などから借用して、それを、自分の言葉として表現できれば、ＯＫである。

10 論文の構成・・・・・・・・・・・・・

起承転結の構成を参考にする

論文を書くときになって、戸惑うのが、どうやって書きはじめたらいいかの、「導入の問題」がある。

特に、初めて論文を書くとなると、大変、迷うものである。

一般に、試験の論文の書き方には、とくに条件は与えられないとされている。「まったく自由である」と、言っても、いいかもしれない。

あえて、制限があるとすれば、字数の制限だけである。

書き方は、受験者に任されている。

「じゃ、自由に書きます」と、いっても、そう簡単に自由にかけるものではない。

準備なしに書き始めると、内容の重複があったり、言葉を変えて書いているだけだったり、書くポイントがぼけていたりする。

論文を書いてみると、理路整然と書くことが、いかに、むずかしいかがわかる。

そこで、論文の書き方の基本とされている、「論文の構成」を紹介する。

この構成を頭において書くと、整理がつき、ポイントも強調できる利点がある。

その構成には、「三段構成」と「四段構成」がある。

三段構成は、「序論、本論、結論」の三段によって構成する。

これに対し、四段構成は、「起承転結」の四段によって構成するやり方である。

論文の構成は、起承転結の四段によって構成するやり方が、一般的である。従来からの、係長試験の論文や管理職試験の論文の作成に、参考にされているスタイルである。

I　主任論文とは

まず、**「四段構成」**である。

　　①京都三条　いとやの娘

　　②姉は十八　妹は十六

　　③戦国大名　弓矢で殺す

　　④いとやの娘は　目で殺す　という文章がある。

　これが、四段構成の文章である。

　最初に、「起」で、"京都三条、いとやの娘" と、情景や総論を述べ、次に「承」で、"姉は十八、妹は十六" と、各論を述べ、「転」では、"戦国大名　弓矢で殺す" と、承の部分を受けて内容を展開し、「結」では、"いとやの娘は、目で殺す" と、課題を締めくくる。

　大切なことは、この四つの部分は、相互に関連性を持たせたうえで、全体としての論理の一貫性を保持しながら、おのおのの部分では、その内容を規定しながら書くことにある。

　「起」では、「はじめに」と書き出し、テーマの総論を書く。次に「承」では、テーマに沿った３つの問題点をあげる。次に「転」では、「承」の問題点の解決策をあげる。そして最後に、「結」として、「おわりに」として、はじめに述べた内容の、締めくくりを、行う。

　つぎに、**「三段構成」**である。

　三段構成は、序論、本論、結論の三段によって構成するスタイルである。四段構成のうち、「承」と「転」を一緒にして、「本論」とするスタイルである。すなわち、問題点と解決策を、同時に書いていくスタイルである。

　主任の論文は、どんなスタイルでもよい。スタイルにこだわる必要もない。

　だが、論文を、初めて書く人には、三段式も、四段式も、おすすめできるスタイルである。

　当然、試験官も、三段式や四段式で、論文を書いてきた人たちであるから、三段式や四段式の書き方で書いてあっても、特段、違和感は持たれない。

そこで、特に勧めるのが、「三段構成」である。

　なぜなら、800字〜1,500字程度の字数なら、三段方式の方が書きやすいからである。

**　では、書きはじめの準備をしよう。**

　書きはじめる前に、まず、「字数を決める」必要がある。

　自分の気持ちで自由に書いていくと、この字数が無視され、全体として論文の構成がボケてしまうおそれがある。

　たとえば、最初の前置きの部分で、すべての字数を使ってしまったら、考えを述べるところの字数は、少なくなってしまう。これでは、論じる部分の迫力を欠くことになる。

　構成のボケを防ぐためにも、字数の決定は重要である。これを論文の練習中から、心がけておく必要がある。

　たとえば、**四段構成**で2,000字の場合は、

　　　起の部分は、200字程度

　　　承の部分は、700字程度

　　　転の部分は、900字程度

　　　結の部分は、200字程度

・まず、「起」の部分は、「はじめに」の部分であるが、ながながと書く人が多いので、気をつける必要がある。

　200字前後の字数にとどめることを念頭に置く。もちろん、短くても、結構である。

・「承」の部分は、問題点や改善点を書く部分であるが、問題点や改善点を、2つか3つをあげる。そして、なぜ、問題点または改善点なのかを分析し、指摘できるようにする。

・「転」の部分は、問題点や改善点で、2つまたは3つあげた場合には、それに対応するように、2つまたは3つの解決策をあげる。

　その際、「転」の全体で900字数なら、1つの解決策は、300字数を念頭に

Ⅰ　主任論文とは

置いて、書いていくのがよい。

・「結」の部分は、締めくくる部分なので、最初の部分に対応して書いてもよいし、主任としての決意を書く人もなかにはいる。

　ここも書き方は、自由であるが、この部分で、あまり長くなると、論文の印象が悪くなるので、注意する必要がある。せいぜい 200 字前後で、とどめる必要がある。

　つぎに、**三段構成**で 1,200 字程度の場合は、

　　　　序論の部分は、200 字程度

　　　　本論の部分は、800 字程度

　　　　結論の部分は、200 字程度

・はじめの「序論」の部分は、四段構成と同じことに、注意する。

　前置きは、長くなく、短かくなく。

・「本論」の部分は、800 字程度なので、柱を 3 つあげると書きやすい。

　ここでは、テーマに沿った問題点や改善点を 3 つあげ、それぞれの柱ごとに、「問題点 (改善点) と解決策」を、同時に書いていくこととする。

・「結論」の部分は、四段構成の「結」と同じ点に、気を配る必要がある。

11 論文作成の留意点・・・・・・・・・・

論文を書くなかで、注意しなければならない留意点がある

一つは、「論文は、評論文ではない」

論文は、作文の関係でも述べてきたが、それ以外に、論文は、評論文でもない。

論文は、自分の考えを、論理的に構成して、述べる文章であって、決して、評論家的に、批評したりする文章ではない。ときどき、評論的に書き、得意になっている人がいるが、決して高い評価は得られない。

論文では、自分が当事者として、テーマをしっかり押さえて、当事者として、どう問題解決を図っていくか、立場を守って書くことを、忘れないでほしい。

二つは、「職務を中心にした論文にする」

主任という立場は、各職場において、中心的な存在として、職務を遂行することを期待されている人である。そのような人を選考するのであるから、求められるのは、職場の「要」として、仕事を上手に進める知識と、実行力のある人である。

それを、論文のなかで確認するのである。

それぞれの日頃の努力の結晶が、文章に、にじみ出ていれば、ＯＫである。

三つは、「である体とます体の使い方である」

論文の場合は、「である体」と「ます体」の、両方の使い方がある。いずれを使ってもいいことになっている。

一般的には、「である体」が多いのであるが、女性の場合には、「ます体」を使う人もいる。

ここは、あまり気にする必要はないが、文章のなかに、「である体」と「ます体」

I　主任論文とは

が、混じっていてはいけない。この点にのみ、注意されたい。

四つは、「**字数制限である**」

本番の試験では、原稿用紙に、ここの行まで、何字と書かれてある。一つ一つの字数を数えるわけではない。行数で数える。

また、1,200字の場合でも、1,200字以上を書けるようになっている。だから、1,200字を超えたらダメというわけではない。

制限字数を多少超えても問題はないが、あまり超えないようにする。もちろん、最低800字以上の場合には、800字数を超えないと、読んでもらえない場合もある。

五つは、「**配字に注意すること**」

論文の文の最初の行や、新たに起こした文の行の始めの1字分は、空白とすることである。ここを空白にしない人がいるので、注意してもらいたい。

また、句読点の符号は、行の最後に来るときは、その行の末尾に続けてつけることである。この点も、句読点を、次の行に持ってくる人がいるので、この機会に注意してもらいたい。

六つは、「**論文中に見出しをつける場合である**」

最初に、「はじめに」をつけて書きはじめ、次に、テーマの「課題を解決するために」として、問題点と解決策を書き、最後に「おわりに」として、締めくくりを書く三段構成がある。

この構成のなかで、小見出しをつけるか否かは、自由である。一気に、最後まで、とうとうと、書く人も、なかにはいる。

一気の場合、論旨が一貫していれば、評価が高いのだが、論旨が一貫していなければ、逆に、評価は低くなる。

小見出しをつけながら、論じていく方が、無難な方法といえる。

24

七つは、「だれかに、論文を読んでもらう」

論文を書き終えても、自己満足で終えてはならない。

論文の中には、評価の高い論文もあれば、論文といえるレベルまでに到達していなくても、満足感を味わう人がいる。

書き終えた論文は、誰かに見てもらうとよい。

身内に読んでもらえて、内容が理解していただければOKである。また、上司である係長や課長に読んでもらうのも、一つの方法であり、「こんな点を直すと、もっと良い論文になるよ」のアドバイスも、貴重なものになる。先輩は、だてに飯を食っていない。

独りよがりの論文で終わらせることなく、より評価の高い論文を目指すことが、今後の文書作成の能力を高める、貴重な経験になるものと、考える。

II　主任論文の作成方法

それでは、具体的に論文を作成する

II　主任論文の作成方法

1　「序論」とは

　まず、三段構成の「序論」から始める。

　「序論」は、テーマに関する導入の部分である。

　ここでは、社会情勢や、区役所を取り巻く環境、職場の環境などの状況について触れる。

　そして、そうした状況を受け止めて、「テーマで与えられたタイトル」を、解決していくことが重要であることを述べる。

　実際は、論文のテーマより重要なことがあったとしても、そこは、テーマにそって書かなければならないのであるから、そのテーマが、重要であるとしなければならない。

　もちろん、区役所を取り巻く環境などに触れなくても、かまわない。テーマの導入を、他の言葉で表現してもかまわない。

　では、ここからは、具体的な文例に基づいて、参考文を紹介する。

　さっそく、「序論」の書き方に入る。

2 序論〔文例1〕

　そこで、テーマが「職場におけるモラールアップの方策について、あなたの考えを述べてください。」

　ならば、「出だし」は、次のように書いては、いかがか。

1　はじめに

　　現在、区は、区民生活の向上をめざして、さまざまな行政課題を解決するために、行政活動を展開している。その一方で、少子高齢化への対応など、その果たすべき役割は、ますます大きくなってきている。

　　こうした状況をしっかり受け止めて、より質の高い行政レベルを実現していくためには、職場の第一線を担当する職員一人ひとりが、職場におけるモラールアップに努めていく必要がある。

　　（220字）

> ここは、「はじめに」で、なくてもいい。

> ここは、テーマに合わせるといい。

3 序論〔文例2〕

テーマが「高齢化の時代における行政の仕事について、あなたの考えを述べてください。」だとすれば、

1 いま、区政に問われているもの

人生80年時代が到来したかと思ったら、人生90年時代が迫っている。日本は、世界一の長寿国となった。しかも、高齢化の速さが増し、そして現在、高齢化率は25％を超え、約4人に1人が高齢者という、本格的な高齢社会を迎えている。

こうした状況をしっかり受け止めて、高齢者が、元気に長生きをしてよかったと思えるような状況を実現するために、区政の高齢者施策に、積極的に取り組んでいく必要がある。

（220字）

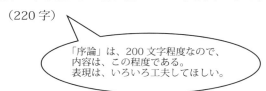

「はじめに」ではなく、「いま、区政に求められているもの」にした。

「序論」は、200文字程度なので、内容は、この程度である。表現は、いろいろ工夫してほしい。

「序論」の部分は、自分で、いくつかのテーマを予想して、それにあわせた形のものを、いくつか用意しておき、出題のテーマに合わせて、加工することを勧める。

主任の論文は、管理職と違って、大きく、区役所の行政分野の課題、職場の事務処理の課題と、職場のチームワークなどの課題の３つに分けられる。

それらの課題ごとに、序論を考えておかないと、本番ではなかなか書けないものである。

4 「本論」の意味

あなたの考えを、あなたの言葉で書いてください。

次に、本論に入る。

ここが論文では、重要なところである。

本論を書く前には、必ず「テーマを確認すること」が大事である。テーマが「何だったか」を忘れると、ピントはずれの記述となってしまうからである。

では、テーマを確認できたなら、ここの「本論」では、「問題点（現状分析や改善点）」と「解決策」を書くこととなる。

なぜ、「問題点と解決策」を書くかというと、論文のテーマが、「職場におけるモラールアップの方策について、あなたの考えを述べてください。」と、出されるからである。

このことを頭に置かずに、「あなたの考え方を述べてください」と、書かれているからと言って、評論的に、第三者的に、述べたのでは、的外れとなる。

出題者側は、このテーマには、課題があるでしょう。その課題をいくつか挙げて、その解決策や改善策について、あなたの考え方を書いてください、と言っているのである。

つけ加えるなら、「あなたの知識を書いてください」と、言っているわけではない。「あなたの考えを、あなたの言葉で書いてください」と言っているので、誤解のないようにしていただきたい。

ですから、決して専門用語や、むずかしいことばを並べ立てて、書く必要はないのである。

専門用語やむずかしいことばを使うと、格調高い論文になっていると、勘違いしている人がいるが、けっして、そうではないのである。

5 「本論」の書き方

それでは、書き方に入る。

前にも述べたように、本論では、「3つの柱」を用意して述べるとする。もちろん、1つでも、2つでも、いいのだが、1つや2つの場合には、論じる内容が豊富でなければ、なかなか書けない。論文に自信のある人は、1つでも2つでも、当然に、ＯＫである。

ここでは、論文の苦手の人を対象として、3つの柱で紹介する。

そして、その柱を書くときの表現については、「一つには」、「第一には」、「第1点は」などと、それぞれが、好きなものを選んでかまわない。

また、その柱の「小見出し」をつける場合には、一行に収まるようにする。一行に収まると、紙面がきれいに見えるからである。

書いた論文を、試験官に読んでもらえなければ、絵にかいたモチと同じである。紙面づくりにも、配慮が欠かせないのである。

では、つぎからは、具体的な文例にそって、参考文を紹介する。

II　主任論文の作成方法

6　本論〔文例1〕

「職場におけるモラールアップの方策について、あなたの考えを述べてください。」（本論のみ紹介）

> 太字にする
> 必要はない。

2　職場のモラール・アップをめざして

　職場のモラール・アップには、次の３つが必要であると考える。
（60字）

> 線は、本番では
> 引かない。

一つは、やる気の機会を与える。

　職場のなかには、やる気をなくしている人を見かける。一人ひとりが、やる気を持たなければ、係が担っている課題に取り組めないばかりか、大きな成果を挙げることもできなくなるのである。

　そこで、やる気や元気を作り出すために、職場会やミーティングの機会を増やしたり、職員研修への参加をうながしながら、モラール・アップを図っていくことが大切である。
（200字）

二つは、意思決定への参加の機会をつくる。

　職場のなかは、それぞれが役割を分担して仕事を処理している。しかし、それだけでは、係全体が、どのような方向に動いているかが

見えない場合もある。

　そこで、係全体が意思決定に参加する機会を増やし、意見や情報を共有することによって、モラール・アップを図っていくことが大切である。

（180字）

三つは、ルールを守り信頼し合う。

　職場は、仕事を円滑に進めるだけの場ではない。そこには、当然に、職員の行動が、大きく関わってくるのである。

　職場の職員が、勤務態度が悪かったり、決まり事を守らなければ、仕事の成果を望むべくもなく、職場の人間関係をも、損なってしまう。

　職場の人間関係を良好に保つには、日頃のコミュニケーションを豊かにし、お互いに信頼し合える関係をつくり、モラール・アップを図っていくことが大切である。

（240字）

II　主任論文の作成方法

《 メモ 》

● 3つの柱の中では、問題となる事柄をあげ、解決策を述べていくことになるが、解決策は、具体的であればあるほどよい。

●具体的な項目は、4つ位まで、多すぎると論点がボケるおそれがある。

○ここでの「モラール・アップ」を図るには、文例の3つの柱に限られない。何を書いたら評価が高いかを心配する必要はない。

　要は、書かれている内容に説得力があるかである。

○ほかの柱では、

　①積極的に研修などに参加させて、モラール・アップを図る方法

　②コミュニケーションを活発にしてモラール・アップを図る方法

　③チームワークを大切にして、モラール・アップを図る方法

　④主任がよき話相手や相談相手になってモラール・アップを図る方法

　　などもある。

7 本論〔文例2〕

「主任として仕事を遂行するために、心がけなければならないことについて、あなたの考えを述べてください。」（本論のみ紹介）

2　仕事を遂行するために

　主任として、職場のリーダーとして、円滑に仕事を遂行するためには、次の3つのことが大切であると考える。

（80字）

　第一は、仕事に精通することである。

　係には、与えられた仕事がある。その与えられた仕事には、何があるのか。現在、どのように進行しているかを知らねばならない。

　そうした仕事の状況を確認した上で、主任として必要な仕事に精通しなければならない。仕事の中身を知らずして、的確な判断を望むべくもない。

　まず、例規などから、与えられた仕事をしっかり確認し、必要に応じて、係長のアドバイスも受けながら、誤りなき仕事の処理に専念する必要がある**と考える**。

〔～と考える。としたら、他も同じトーンにする。〕

（240字）

　第二は、職場のチームワークを図る。

　係は、与えられ仕事を、分担しながら処理

にあたっている。個々の係員が、最善を尽く
して仕事にあたることは大事であるが、そこ
には、一定の限界もある。

　野球に例えるならば、1人が頑張っても、
チーム全体が頑張らなければ、成果は、望む
べくもない。

　また、仕事のミスを防止するためにも、チ
ームワークが必要である。

　主任は、チームワークの必要性を、係員の
理解を得るとともに、自らも、その輪のなか
に入って、効果を挙げられるように、努力を
重ねていくことが大切である**と考える。**

　（280字）

　第三は、コミュニケーションの核になる。

　仕事は、一人で完結することは少ない。む
しろ、職場全体の連携プレーによって成り
立っていると言っても過言ではない。

　その連係プレーのために必要となるのが、
コミュニケーションである。このコミュニ
ケーションを活発にするためには、朝夕の挨
拶の励行、気軽に会話ができる職場の雰囲気
づくり、朝のミーティングなどを推進する必
要がある。そのなかで、さらに、主任がコミュ
ニケーションの核となり、情報の提供を図る
など、コミュニケーションの回路を太くして
いくことが大切である**と考える。**

　（280字）

《メモ》

○主任の役割は、「いかにあるべきか」。おさえておきたい。

　文例以外に、次のものがある。

　①信頼関係をつくる。

　②熱意をもって対応する。

　③モチベーションを高める。

　④係員に対する信頼関係をつくる。などがある。

○リーダーシップ論も、押さえておく必要がある。

　リーダーに必要な資格として、大きく分けて、①知識力と②指導力がある。

　①知識力は、ひとえに、自己啓発にかかっている。

　それに対し、②指導力は、相手との距離感を大事にすることである。

　まず自分というタイプを知る。そして、相手のタイプ（性格）を知る。

　そこで初めて効果的なリーダーシップが図られる。

　・リーダーとして、専制型がいいのか、参加型がいいのか、民主型が

　　いいのかは、相手によって異なるので、使い分ける。

Ⅱ　主任論文の作成方法

本論〔文例2-2〕

「主任の役割」のみに焦点をあてると、3つの柱は、次の柱を参考にされたい。

　　第一は、主任は、係長を補佐する。

　　仕事の単位として、職場は、係長を中心に動いている。その中で、係長の目が届かない所や、係長が気づいていない所もある。

　　職場を□に、係長を○に例え、それを重ねると、すき間ができる。そのすき間を埋めるのが、主任の役割である。

　　お互いがダブることなく、係員が気持ち良く、スムーズに事務処理にあたることができるように、係長を補佐するのが、主任の役割である。

　　（220字）

　　第二は、主任は、係員の指導育成にあたる。

　　職場の仕事は、単純な仕事を処理するだけではない。ケース・バイ・ケースで、臨機応変に処理する場合もある。

　　そのような場合、係員の主体性を尊重しつつも、必要な場面で、アドバイスを送るなどの指導を心がける必要がある。

　　また、トラブルの発生後には、再発を防止するため、全体のミーティングを開き、職場全体で情報の共有と対応策の中核として、係員

の指導育成に努めるのが、主任の役割である。

（240字）

　第三は、主任は、職場のパイプ役となる。

　職場の仕事を円滑に進めるキーワードは、情報である。この情報が滞ると、仕事が円滑に回らなくなることが多い。

　仕事に必要な情報を、いつもチャンネルを豊かにし、係長や係員に、的確な情報を流す役割を担う必要がある。

　また、係長と係員の間に入って、係長が直に言えないことや、また、係員が係長に直に言えないことなども、その間のパイプ役として努め、そのパイプを太くしていくことが、主任の役割である。

（240字）

II　主任論文の作成方法

8　本論〔文例3〕

「区民に信頼される行政を遂行するために、職場はどうあるべきか
について、あなたの考えを述べてください。」（本論のみ紹介）

2　信頼される区政の実現に向けて

　　主任として、区民から信頼される行政を遂
行する職場づくりには、次の3つのことが重
要であると考える。

（80字）

<u>第一は、区民の要望に応える姿勢。</u>

　　区民の信頼を得ることは、本当に高い目標
である。一朝一夕に実現できるものではない。

　　区民の要望にも、すぐに応えられるものも
あれば、応えられないものもある。

　　そのなかでも、区民の側に立って、役所の
枠のなかでも、できることがないかと、検討
し、解決策を模索していく姿勢こそ、区民か
らの信頼を勝ち得る道ではないかと考える。

（180字）

<u>第二は、区民の信頼を損なわない。</u>

　　行政の仕事は、信頼の上に成り立っている
といっても過言ではない。だからではなく、
だからこそ、日頃から、信頼を勝ち取る行動
が必要なのである。

職員が、不正を働き、自動車事故を起こし
また、事件を起こしたならば、一挙に信頼を
損なうことになる。

　行政は、信頼の上に成り立っていることを
忘れずに、仕事にまい進しなければならない
と考える。

　（220字）

第三は、区民との交流を大切にする。

　行政の仕事は、机の上の仕事だけで完結す
るわけではない。むしろ、区民との接触、交
流のなかから信頼を醸成することも多い。

　であるから、窓口対応も交流の一場面であ
り、用件を納得してお帰りいただくことも、
信頼される行政の一つである。

　また、地域での区の主催の催しなどで、相
互の会話や触れ合いを通じて信頼がつくられ
ることを信じて、積極的に行動していく必要
があると考える。

　（220字）

II 主任論文の作成方法

《 メ モ 》

○日常の生活や職場生活のなかでも「信頼される」ということは、大変
　なことである。
　　①うそをついてはいけない。
　　②ルールを守らなければいけない。
　　③自分勝手であってはいけないなど、枚挙にいとまがない。
　このことを、区民との関係に置きかえて、考える。

○信頼されることは、一つには「信頼を裏切らないこと」。もう一つは「信
　頼関係をつくりだしていくこと」である。
　その両方が必要なのであるが、論文を展開するときは、そのいずれか、
　または、両方を混ぜて書いてもよい。

9 本論〔文例4〕

「あなたの仕事のなかで、改善すべき点をあげ、どうあるべきかについて、あなたの考えを述べてください。」（本論のみ紹介）

2 事務の改善に向けて

役所において、事務の改善は、避けて通ることのできない課題である。

主任の役割の一つとして、事務改善に取り組むことは、当然の責務であり、事務改善には、次の3つのことが重要であると考える。

（140字）

<u>第一は、無駄がないか。</u>

日々の仕事に追われると、ともすれば、忘れがちなのが経費である。

そして、この経費は、区民の税金があてられている。一円たりとも無駄に使ってはいけないお金である。だが、日々の雑務に追いかけられて、当たり前に使ってしまうことがある。もっと安くすむ方法がないか。比較検討する機会を設け、このお金、一円たり無駄に使わない姿勢を、職場に喚起していく必要があると考える。

（220字）

第二は、共同利用ができないか。

職場には、仕事に必要な備品等が備え付けられている。それぞれ仕事に必要があるから備えられているわけであるが、時折、使う備品等も少なくない。

そこで、他の職場との共同使用をはかることによって、たまに使うものは、課単位で備え、係単位での備えを省略することによって事務の改善につなげることができるのではないかと考える。

（200 字）

第三は、みんなで改善ができないか。

事務の改善は、主任が一人騒いでも、仲間が、その気にならなければ実現できない。

年何回か、定期的に改善の職場会を開き、みんなで話し合うことが必要である。

また、上から指示されてやるのでは、取組みの自主性や創造性もなくなり、単に作業で終わってしまう。あせらずに、継続は力なりの気持ちで、主体的に取り組んでいくことが必要であると考える。

（200 字）

《 メモ 》

○事務の改善点は、①役所全体の改善点と、②職場の改善点とがある。
　いずれに焦点をあててもいいのだが、主任ならば、職場を中心、仕事
　を中心とした改善点を探すことが、いいと思う。

○改善点は、ムリ、ムダ、ムラに象徴される。この中で、「ムダ」がやり
　玉にあげられる。「もったいない」と、「最少の経費で最大の効果をあ
　げる」。これがメインとなる。
　その方法論は、いろいろある。そのいくつかを集めて、その必要性や
　効果を述べるといい。
　　①経営感覚を身につける。
　　②費用対効果を検証する。
　　③仕事のやり方を変えてみる。
　　④職場のレイアウトを変えてみる。
　　⑤机のなかの道具を限定する。
　　⑥もったいない精神をもつ。
　いろいろあるので、この機会に考え、自分が気にいったものを使う。
　なぜなら、自分が気にいったものには、相手に対する説得力があるか
　らである。

II　主任論文の作成方法

10　本論〔文例 5〕

「活力ある職場づくりについて、どうあるべきか、あなたの考えを述べてください。」（本論のみ紹介）

2　活力ある職場づくりに向けて

組織は、生き物である。元気なときもあれば、弱っているときもある。また、風通しが悪いときには、腐ってしまうことさえある。

それゆえに、活力ある職場づくりは、古くてあたらしい課題である。

活力ある職場づくりには、次の3つのことが重要であると考える。

（160字）

第一は、チームワークのいい職場づくり。

係の仕事は、それぞれの係員に分担される。ゆえに、それぞれが能力を発揮すれば、自然と、職場に活気がみなぎるが、さらに、係員のチームワークがよければ、職場は一層活気ある職場となる。職場に活気があれば、お互いに仕事をカバーし合う精神がうまれ、仕事がとどこることなく、スムーズに流れることになる。活力ある職場づくりには、チームワークづくりが、欠かせない要素になると考える。

（220字）

第二は、研究熱心な職場づくり。

社会を取り巻く環境は、変化が激しい。事務処理の分野においても、日進月歩である。

このことは、区役所の事務においても例外ではない。

区民の生活が変化しているのに、区役所だけが、旧態依然として、古いやり方で処理していたのでは、時代に遅れるとともに、効率的な事務処理に、ほど遠くなる。

絶えず、社会に関心を持ち、新しい技術の習得に心掛け、熱心に研究を重ねていく職場には、新しい活力が芽生えるものと考える。

（240字）

第三は、意欲のある職場づくり。

職場が活力あるためには、逆に、職場を構成する職員一人ひとりに、活力がみなぎっていなければならない。職員に活力がなければ、職場も活力を失いかねない。

職員が活力を持つには、組織にそれを受け止める力があるかどうかである。係が、職員一人ひとりを信頼し、任せる。職員の参加意欲を引き出し、研修の機会を与えるなどをして、職員のやる気を高めていく必要があると考える。

（220字）

Ⅱ　主任論文の作成方法

《メモ》

○活力ある職場には、いくつかの条件がある。
　①コミュニケーションが活発である。
　②チームワークが活発である。
　③リーダーのリーダーシップが的確である。
　④職場に信頼関係がつくられている。
　⑤仕事のバックアップ機能が働いている。
　⑥職場の人間関係が良好である。
　⑦レクリエーションなどが盛んである。
　これらが、十分でない職場は、活力を失っていることを念頭において、
　これらのなかからも、関心のあるものを題材として書いていくのも、
　一つである。

11 本論〔文例6〕

「職場のコミュニケーションと主任の役割について、あなたの考えを述べてください。」（本論のみ紹介）

2 コミュニケーションの活性化にむけて

コミュニケーションは、人間関係を円滑にする潤滑油である。体のなかの血液である。

この血液が、体内で滞ると、いろいろな病気を起こすことになる。

コミュニケーションを活発にするには、次の3つのことが重要であると考える。

（140字）

一つは、チームワークの活性化である。

職場で、コミュニケーションが不足する要因に、仕事が個人単位に割り振られていると勘違いを起こしている職員がいることである。

仕事は、職場単位に与えられ、たまたま個人ごと割り振られているにすぎない。個人単位ならコミュニケーションの必要性も薄いが、職場単位であるならば、相互のコミュニケーションは、当然に必要となるのである。

そこで、チームワークを重視して、コミュ

ニケーションを活発にしていくことが重要である。

（240字）

二つは、良好な環境づくりである。

仕事は、一人で完結することは少ない。むしろ、職場全体に、複雑に関係している場合が多い。そのような職場のなかで仕事を円滑に進めるには、さまざまな情報の交換が必要である。

その情報交換は、活発なコミュニケーションによってもたらされる。

この活発なコミュニケーションを維持するには、朝夕の挨拶の励行や、気軽に相談し合える環境づくりや、朝のミーティングなども行い、コミュニケーションの交換を、活発にしていくことが重要である。

（240字）

三つは、主任がパイプ役を果す。

仕事が、それぞれバラバラに行われ、かつ統一されたルールがなければ、効果は半減する。

また、コミュニケーションを維持することができなくなる。

そこで、主任が、職場の身近なリーダーとして、コミュニケーション回路を太くし、交通整理を行う。また、係長と係員との関係を結びつけ、情報やコミュニケーションの連結ピンの役割や、パイプ役として、その役割を

担うことが、コミュニケーションを活発にし
ていく上で、重要である。
（240字）

《メモ》

○コミュニケーションの役割は、大きい。
　コミュニケーションの「如何が」、仕事の効果に大きな影響をもたらす
　ので、そのありようが、重視される。
○コミュニケーションに関するものが、職員ハンドブックにも紹介され
　ているので、熟読玩味されたい。
○まず、コミュニケーション不足が起きると、組織や仕事がどうなるか
　を考える。
○コミュニケーションを活発にする方法は、組織には、いっぱいある。
　それを見つけ出し、それが活発でなければ活発にすることを表現すれ
　ばよい。
○コミュニケーションは、職場だけで活発になるものではない。退庁後
　に、酒場で一杯やりながらの談笑も、コミュニケーションの活性化に、
　大きく働くので、無視はできない。

II 主任論文の作成方法

12 本論〔文例7〕

「時代に即した区政を進めるための職員の意識改革について、あなたの考えを述べてください。」（本論のみ紹介）

2 意識改革をめざして

社会の大きな変革は、行政への大きなうねりとなって、押し寄せている。

日進月歩の激しい時代にあって、行政だけが、ひとり蚊帳の中にいるわけにはいかない。

職員の意識改革は、まったなしである。

その意識改革には、次の3つのことが重要であると考える。

（160字）

その一つは、前例踏襲を改善する。

行政の事務は、法令等で規定されているものが多く、安全を確保するためや、いままでどおりにやっていれば、安心といった心が働いている。確かに、前例踏襲で行っていれば、安心、無難である。

だが、問題は、その安心、無難が、すべてのものに、はびこっているのではないかということである。そこには、新しいものへの挑戦がなくなり、新しいものへの関心も薄れてくる。

この前例踏襲は、一人で破ることは困難である。仲間が必要である。その仲間が職場である。職場のミーティングを活発にし、時代にあったものに改善していく意識が必要である。

（320字）

その二つは、時代の風を吸収する。

行政の事務は、時代の風と無関係ではないのである。むしろ時代の風を吸っている区民に合わせなければ、行政は、区民から非難され、無視され、相手にされなくなるのである。

だから、否、だからこそ、時代の新しい風を、行政自身が大きく吸い込み、消化していかなければならないのである。職員の意識改革は、まってはくれないのである。

時代の新しい風を学ぶには、外の空気を吸わなければならない。民間の研修に参加し、積極的に、ノウハウを吸収しなければならない。

代表を送り込み、吸収してきたノウハウを、みんなが共有する環境を、職場や役所全体に創り出していくことが必要である。

（320字）

その三つは、扉は自分からたたく。

職員の意識改革は、古くて新しい問題である。それだけ、意識改革というものが難しいという証明でもある。

では、なぜ難しいのかを考える必要がある。それは、職員一人ひとりが、自分の問題として受け止めていないからではないかと考える。

まず、個人個人が自己啓発に励むことから始めなければ、その一歩は進まない。

組織も、自己啓発を奨励する環境をつくり、自己啓発のための経費補助、または休暇制度などで支援し、職員の心の扉をたたいていく必要がある。

（260字）

《メモ》

○意識改革は、それぞれの人の「心」の問題であり、なかなかむずかしい問題である。

自分が主任になる意識改革も必要であるが、係員の意識改革を求めていく立場に立つとなると、一番、苦労するところである。

①むかしは、「アメとムチ論」があり、目の前にアメをぶらさげて、これをやるから、働けとムチをふるった。

いまどき、こんな方法では、意識改革どころか、反感を買うのがおちである。

では、どうやって意識改革を図る方法があるのか。

②やってみせ、ほめてやらねば、人は動かぬことを実践する。

③新しい風を流し、自然に意識改革をはかる。

④何かやらせて、興味を持たせ、意識を変えさせる。

⑤外の風にふれさせて、意識改革をはかる。

⑥経験をさせて、改革の必要性を自覚させる。

池のカエルも、ぬるま湯では、気持ち良くしているが、池の底が熱くなれば、飛び出してくる。そこを利用する気持ちを持ちたい。

○あなたなら、どんな方法を選び、論じるか、興味がある。

Ⅱ　主任論文の作成方法

13　本論〔文例8〕

「区民から苦情を受けたときの対応について、あなたの考えを述べてください。」（本論のみ紹介）

2　区民からの苦情への適切な対応へ

　区役所の窓口には、毎日、たくさんの苦情が持ち込まれる。苦情であるから、職員にとっては、耳の痛い話である。

　だが、その苦情をどう捉えるべきかによって、苦情の応対が異なってくる。

　ゆえに、苦情を受けたときには、次の３つのことが重要であると考える。

（140字）

第一は、苦情の態度に配慮する。

　苦情とは、行政側から見た問題である。区民側から見れば、苦情ではなく、要望であり、意見であり、もっと良く説明してもらいたい願いである。受け止め方によって、解釈や対応が異なってくる。その結果、すれ違いが起き、誤解が発生し、お互いの声が大きくなるという現象が起きる。

　まずもって、真摯に相手の話に耳を傾ける。話が終わった段階で、分かりやすく、納得していただくまで、対話することが必要である。

（220字）

第二は、苦情の内容に配慮する。

苦情は、行政側の言い分もあり、ことに内容に至っては、譲れないものもある。

そこで、苦情に応えられないものについては、その根拠をはっきり示すことである。感情を害してはいけないという配慮から、曖昧にすることは、避けなければならない。しっかり説明すれば、相手も納得してくれるという思いをもって、ぬくもりある対応に心がけることが必要である。

（200字）

第三は、苦情を前向きにとらえる。

苦情は、職員の対応のまずさに起因する場合もあるので、接客の基本を身につけなければならない。

一方、苦情は、行政に対する期待の表れと、とらえることもできる。そこで、期待されていると解釈し、苦情を、今後に生かすことも大切である。

また、苦情は、経営資源の宝の山と考えて、業務改善の一環として積極的にとらえることも必要である。

（220字）

II　主任論文の作成方法

《 メモ 》

○苦情も、主任ともなれば、前面に出て受け止めなければならない課題
　である。

　そこで、苦情でも、いろいろあるので、一概に、この方法がいいと、
　いうわけではない。状況に合わせて使い分けていく必要がある。

　また、窓口には、マニュアルが用意されている場合もあるが、マニュ
　アルどおりにやることが、的確な場合もあるが、マニュアルがある故に、
　臨機応変の対応がとれずに、よけいに、問題を大きくしてしまう場合
　もある。

　いうなれば、その場その場の状況を判断し、相手に、納得していただ
　く方法を模索しなければならない。

○そこで、苦情に対する一連の対応の流れであるが、まず、苦情の発生
　を防止すること、発生した場合には　その場の対応をどうすべきかを
　考えておくこと、そして、事後処理をどうすべきかも、事前に決めて
　おく必要がある。

○苦情は、すでに経験済みであろうから、その辺の経験した内容を含め、
　紹介しながら、対応の反省も加味して、書かれるのも一つの方法である。

14 本論〔文例9〕

「効果的な職場研修のあり方について、あなたの考えを述べてください。」（本論のみ紹介）

2　効果的な職場研修をめざして

職場におけるさまざまな課題を解決していくためには、職員の知識や技術の習得は、不可欠である。

その中でも、職場研修の必要性が叫ばれているが、職場研修を効果的に行うためには、次の3つのことが重要であると考える。

（140字）

<u>第一点は、主体的に実施する環境をつくる。</u>

職場研修は、集合研修とは違って、実務面においてすぐれている。

職場の知識や技術をもつ先輩が、後輩の指導にあたることから、実践的な知識や技術を習得できる、絶好の機会である。

だが、教える、教わる関係では、なかなか身に付かない。

そこで、後輩自身が、習得したい内容を仲間と相談し、先輩に働きかける環境をつくりだす必要がある。

（220字）

第二点は、教える側の意識を変える。

職場研修の効果は、誰もが、認めるところであり、最近、盛んになっているが、効果のほどは、疑問視されるふしがある。

それは、教える側にもある。昔ながらの、「一言いえば解かるだろう」では、最近の若い人は、ついてこない。

言って聞かせ、やって見せ、ほめてやらなければ、人はついてこないのである。このことを事前に教える側に伝えておく必要がある。

（200字）

第三点は、気軽に参加できる環境をつくる。

職場には、さまざまな職員がいる。勤務時間の職場研修なら、時間を見て実施できるが、全員がそろうとなると、時間外となる。時間外となると、家庭のこともあったり、なかなか足並みがそろわない。

無理なく参加できる時間や場所の確保の配慮が重要であり、その時、参加できない人のフォローも、しっかり行う、環境づくりが、必要である。

（200字）

《メモ》

○職場研修が盛んに行われるようになってきた。
　その理由の一つに、優秀な職員が採用されても、彼らには、経験がない。経験がなければ、仕事は個人の能力だけでは処理できない。それで、先輩の経験の付与が必要とされている。
　また、区民側は、職員の経験があるか否かは、関係ない。しっかり仕事をしてもらえれば、それでいいのだが、若い職員の経験不足が、的確な事務処理に至らない場合もある。これでは、区民も、職場も困るので、職場研修が盛んなのである。

○次は、職場研修の必要性が分かっても、効果的な職場研修が実施されるかである。
　①職場研修は、どのような形で行うか。（個別か集団か）
　②職場研修の講師は、誰にするか。（先輩か上司か）
　③職場研修の時間帯をどうするか。（朝か夜か）
　④職場研修の経費の助成は、どうするのか。（外部講師を雇う場合）

○あなたなら、どの方法が良いかを考えて、書いてみては、いかがであろうか。

II　主任論文の作成方法

15　本論〔文例10〕

「住みよいまちづくりについて、あなたの考えを述べてください。」
（本論のみ紹介）

2　住みよいまちづくりをめざして

　地域とは、人々が幸せを求めて住むところである。その幸せを支援するのが、わたしたち行政の役割である。

　幸せ、すなわち、住みよいまちづくりは、その一環であり、住みよいまちづくりには、次の３つのことが重要であると考える。

（140字）

第一点は、安全で安心できるまちづくり。

　安全で、安心できるまちの一つは、地震や水害などに強いまちづくりに取り組むことである。その対策には、建物の耐震化を一層推進し、建物の倒壊によって死亡する事故を少なくするため、住宅の耐震化の支援を強化する必要がある。また、道路には、火災に強い樹木を植え、火災の延焼を防止する方策を図り、水害を防止するため、コンクリートの地面を、雨水を吸い取る素材に替えていくなどの工夫が、一層必要であると考える。

（220字）

64

第二点は、環境に優しいまちづくり。

環境は、人間にとって、必要不可欠な命の要素である。その環境が、良好であるか否かが、住みよいまちづくりにつながっているので、地域環境づくりも、大きな課題である。

まず、緑の豊かな環境の創造である。街角の一角でも、緑や花が咲いていれば、心がなごむものである。その手入れは、行政の手ばかりではなく、地域の手で実現する手法も取り入れ、ともに地域を支える原動力を強化していくことが一層必要であると考える。

（220字）

第三点は、文化のかおるまちづくり。

人間は、感情の動物である。感情豊かに生活することは、必携の要素である。

その感情の豊かさは、文化によってもたらされ、深められていくものである。

その文化を地域に創り出していくことも、行政の役割である。空き家の提供を受けて、地域の住民たちの小さな美術館、街角での野外音楽祭、地域の昔なつかしいお祭り、まちのなかに文化があふれれば、地域の交流も活発になり、地域のコミュニティづくりにも、つなげられるのではないか。

文化のかおるまちづくりを、一層強化していくことが必要であると考える。

（280字）

Ⅱ　主任論文の作成方法

《メモ》

○まちのイメージには、いろいろなものがある。ここでは、住みよいま
　ちづくりであるが、ほかに、つぎのものがある。
　①ふるさとのまちづくり
　②安全・安心なまちづくり
　③災害に強いまちづくり
　④福祉のまちづくり
　⑤みどり豊かなまちづくり
　⑥ふれあいのあるまちづくり
　⑦文化がかおるまちづくり

○これらの「まちづくり」について、あれもこれもと、多くの課題につ
　いて書くことを避け、テーマをしぼって書くといい。

16 本論〔文例11〕

「災害に強いまちづくりについて、あなたの考えを述べてください。」
（本論のみ紹介）

2　災害に強いまちづくりをめざして

　日本は、災害に弱いところがある。

　災害の多くは、自然の営みであり、人間の限界を超えるところがある。

　だが、手をこまねいていてはならない。

　区民の生命や財産を守るのは、行政の使命であり、いわずもがな、われわれ職員の役割でもある。

　災害に強くなるには、次の3つのことが重要であると考える。

（200字）

　一つは、災害に強い施設づくりである。

　自然災害には勝てない。だが、自然災害の被害を防ぐことはできるし、また、被害程度を減少させることもできる。

　まず、行政の守備範囲として、頑丈な建物づくりを推進する。住宅地区を守るために、公共施設をバランス良く配置し、耐火などの役割も加味していくことが大切である。

　地震に強い、水害に強い、火災に強いまち

づくりを積極的に推進していく必要がある。

（200字）

二つは、住民の心と手でまちを守る。

災害に対処する物理的な方法には、一定の限界がある。その限界をカバーするのが、住民の心である。

住民自身が、自分のまちを守る心を醸成していかなければならない。

日頃からのまちづくりの広報活動を積極的に行うとともに、地域での訓練参加にも、子どもと一緒に、参加する方法なども模索し、

地域の心と手で災害に強いまちづくりを展開する必要がある。

（220字）

三つは、相互支援の輪を広げる。

災害は、その規模によっても異なるものの一区役所で解決できる問題ではない。また、役所だけでの力では、必要な対策や支援に限界もある。

そこで、区役所が中心となって、地域の消防署や警察署、地域団体や企業なども取り込んで、一体となって、災害に強いまちづくりを目指していく必要がある。

困ったときは、遠い親せきより近所じゃないが、必要があれば、近隣自治体にも働きかけて、ふるさと交流を密にし、日頃から連係プレーの訓練を怠ることなく、備えあれば憂

いなしの心で、災害に強いまちづくりに、取
り組んでいく必要がある。
（300字）

《 メモ 》

○自然災害が続いている。このことにも、無関心であってはならない。
　すでに、各区において対応策が図られているので、このテーマは、ど
　れだけ関心をもっているか、どれだけ区の対応などを知っているか、
　にかかっている。
　この機会に、確認を願いたい。

○行政側の問題では、
　①都市構造が、災害に弱い構造となっていないか。
　②備えあれば憂いなしの如く、日頃の準備ができているか。訓練など
　　は十分か。いざというときに役に立つか。備蓄なども十分か。参集
　　訓練は十分か。
　③指揮命令系統が機能していると思うか。
　④発生を予知したときの区民への連絡体制や、情報の提供体制は十分
　　か、どうか。

○住民側との問題では、住民自身の問題として共有できているか、地域
　の協力体制が確立しているか、などがある。

II 主任論文の作成方法

17 本論〔文例12〕

「人口減少社会の到来を受けた行政のあり方について、
あなたの考えを述べてください。」（本論のみ紹介）

2 人口減少社会への対応

　新聞の見出しには、「人口減少社会」の文字がおどる。

　国では、少子高齢化の流れに歯止めをかけ、人口1億人を維持するとしている。

　だが、区役所も、国の施策を傍観しているわけにはいかない。

　人口の減少は、社会に変化を与え、区民ニーズに変化を与え、ひいては、行政に大きな影響を与えるからである。

　この人口減少社会を受け止めるには、次のことが、重要であると考える。
（240字）

第一は、人口減少に歯止めをかける。

　人口問題は、基本的には国の施策に待たなければならない。しかしながら、地方自治体である区役所においても、やれることはやる姿勢が必要である。

　地方でも、すべての自治体が、人口減少を抱えているわけではない。その地域の魅力を

つくり出して、住民を増やしている町や村が
あるのである。

　言うならば、住んでみたい、感じてみたい、
ふれてみたい、食べてみたい、子育てがしや
すい、そんな魅力を、区の地域から発掘する。
そして、それをアピールする取り組みが必要
であると考える。

（280字）

第二は、施策を拡大から調整に変える。

　人口減少は、単に、その地域の人口が減少
するだけに、止まらない。

　区役所の施策をみても、現在の人口をみな
がら計画が作られてきている。この人口に変
化があるならば、当然に、減少人口にあわせ
た施策を展開せざるを得ない。

　施設づくりは、これでいいのか。スクラッ
プ・アンド・ビルド機能が働いているか。当
然に、検討を始めなければならない。

　また、人口減少の裏返しは、高齢者が増大
することを意味する。若者から高齢者への
施策の転換をスムーズに移行させる配慮も、
待ったなしであると考える。

（280字）

第三は、行政サービスの形を変える。

　人口減少は、それぞれの年代に行われてい
る行政サービスにも、変化をもたらす。

　保育園や幼稚園の数が減少する。学校の数

71

II　主任論文の作成方法

が減少する。これら公共施設の利用減少が起きてくる。少ない利用者に税金を投入するわけにはいかない。そこで、地域で公共施設を管理する方式に変えていく必要がある。

　また、人口が少なくなるということは、核家族化が進行し、一人暮らしが増えるということでもある。ふれ合う機会が少なくなれば、街は、住むだけの場所と化し、何の魅力もない街に変貌することになる。

　地域のふれあい、助けあいの心を、今から、創りあげておくことが、重要であると考える。

（300字）

《 メ モ 》

○行政サービスは、「あれもこれも」から、「あれかこれか」の、「選択」
　の時代に入っている。

○行政サービスは、量より質、サービスにも個性が求められている。
　①住民ニーズは、お金で買えるものより、お金で買えないものを大切
　　にするニーズに変わりつつある。
　　たとえば、命や愛情、環境（地球環境を含む）、時間を大切にする。
　②行政サービスも、質的な変化に対応していく必要がある。

18 本論〔文例13〕

「情報技術社会 (IT) や人工知能社会 (AI) の到来を受けた行政のあり方について、あなたの考えを述べてください。」（本論のみ紹介）

2 新しい時代の風を受け止めて

子どものころの、「鉄腕アトム」が脳裏に浮かぶ。そのロボットが、産業を引っ張る時代の到来である。

コンピュータの進歩によって、情報のネットワークが可能となり、思考ロジックの進歩によって、社会は、いな、世界が大きく変わろうとしている。

行政も、時代の風に無関心ではいられない。さまざまな座標軸が変わるからである。

こうした時代を受け止めるには、次の3つの課題を解決する必要があると考える。

（240字）

<u>第一は、仕事のやり方を変えていく。</u>

まもなく、まちのなかをロボットが闊歩する。人工知能を積んだ自動運転の自動車が走り出す。この変革は、すでに、行政サービスに大きな変革をもたらしている。

そこで、時代を先取りして、行政サービスの手法を変えていく必要がある。

73

いままで、手作業であった分野は、機械化を拡大する。区民への周知もインターネットで行う方法に変える。医療分野では、診断のみならず、医療行為をサポートするＡＩ型ロボットにまかせる。

技術革新にあわせて、仕事のやり方を変えていく必要があると考える。

（280字）

第二は、利便性の裏側にも目をやる。

情報通信基盤は、衛星や光ファイバーにより、生活の利便性を拡大してきている。しかし、利便性や快適性のなかに、プライバシーの問題などを包含している。

これらの問題は、個人では解決ができないものが多い。

行政が、プライバシー侵害、コンピュータ犯罪などにも目を光らせていかなければならないと考える。

（200字）

第三は、光の中の影をカバーする。

社会のシステムが変わると、区民の生活環境も変わるおそれがある。

人工知能社会が進行すれば、単純な仕事はなくなることになる。これまでその仕事に携わって来た人の仕事がなくなり、失業となる。

こうした事態を予測して、福祉的配慮が待たれる。新しい仕事に就くまでは、生活費を

支給する。新しい仕事に就くための職業訓練
のための費用を支援するなどの、新しい形の
支援を展開していく必要がある。

（220字）

《メモ》

○ AIの登場は、以前のテクノロジーによって構築された人間の社会イン
　フラに、インパクトを与えている。しかも、AIによるインパクトは、
　これまでのITのもたらしたものとは、大きく異なる要素がある。それは、
　インフラどころか、人間そのものに大きく作用しようとしている点で
　ある。

○ AIの登場によるインフラ対策に、「ベーシックインカム論」がある。
　・本屋で「AIに関する本」を、立ち読みしてください。

II　主任論文の作成方法

19　本論〔**文例 14**〕（付録：四段構成の場合）

　ここでは、四段構成について、1 問だけ紹介する。

　四段構成は、起承転結の四段によって構成するやり方であることは、すでに紹介ずみである。

　最初に、「起」で、情景や総論を述べ、つぎに「承」では、各論で、問題点などを述べ、そのつぎに「転」で、前の問題点を受け止めて、どう解決すべきかを述べ、最後に、「結」では、テーマの課題を締めくくる、とする構成である。

〔事例 1〕

　たとえば、テーマが「住民ニーズの多様化と行政のあり方について、あなたの考えを述べてください。」ならば、

2　住民ニーズの限界

　　社会現象が、大きな音をたてて、行政になだれ込んでいる。少子高齢社会の急速な進展、情報化社会の進展、人工知能社会の出現など、枚挙にいとまがない。加えて、個人の価値観が多様化し、住民ニーズは、複雑化し、多様化してきている。

　　こうした状況をしっかり受け止めて、ニーズに応えていく上で、問題点としては、次の3 点を挙げる。

　　（200 字）

> ここでは、問題点のみを挙げる。

1点は、限られた財源である。

　住民ニーズに応えていくためには、なによりも、財源が必要である。ない袖は、振れないのである。

　景気が一段落して、税収にも光がさしてきているものの、まだまだ、十分な財源を確保できていない現状がある。予算の硬直化に、どう対応するかの問題が横たわっている。

　（160字）

2点は、必要経費の拡大がある。

　行政サービスを展開するには、そこには、人的資源の確保がある。行政の場合、人の手によるサービスが中心となり、必然的に人的資源を必要とする。そのため、行政改革が叫ばれ、人員削減などが行われているものの、人員削減だけでは、限界もある。

　行政サービスに伴う経費の削減の問題が横たわっている。

　（180字）

3点は、進まない意識改革がある。

　区役所のなかには、依然として、前例踏襲の考え方や、法律万能主義の画一的な対応など、従来の古い体質が残っている部分もあり、そのことが、ムリ、ムダ、ムラの現象となっている。

　職員の意識改革という喫緊の課題が横たわっている。

　（140字）

> ここでは、2
> の問題点を踏
> まえ、解決策
> を書く。

3　住民の期待に応えるために

上に述べた、区役所の問題点や課題を解決し、職員の柔軟な発想による活力ある区政運営を実現するためには、次の3点が重要である。

1点目は、入りを量り出を制する。

財源の確保は、一朝一夕に解決できない。法律の制約もあり、勝手に収入源を作り出すことも困難である。ならば、入ってくる財源を効率よく、効果的に使うこととなる。

これには、前年度実績主義から脱皮し、スクラップアンドビルドや、ゼロベース査定を徹底し、浮いた財源を住民ニーズに振り向けていくことが必要である。

（180字）

2点目は、経費の使い方を工夫する。

行政改革が叫ばれて久しいが、一時の声でおわらせず、これを続けていかなければ、効果は表れない。継続は力なりである。

どんな仕事にも、どんな職場にも、改善の芽は残っているものである。

どんな小さなことでもよい。一人ひとりが取り組めば、大きな財源が生まれるのである。

必要のない電気は消す。古い機器は新しい機器と比較し、値段や効率化から点検する。

用品は、一括購入し、係単位でなく、課単位や部単位で考える習慣をつけることが必要である。

（260字）

<u>3点目は、区民とともに意識改革をはかる。</u>

当然に、財政が厳しく、一方、住民ニーズが増大化、多様化、複雑化する時代にあっては、行政のみで受け止めることは困難である。

もちろん、コスト意識など、職員の意思改革は、言うまでもない。

そのうえに立って、区民にも、行政の限界を理解してもらい、その要望は、それぞれ個人が解決してもらいたい。これは、地域で解決してもらいたい。と、役割分担を協働で話し合い、限られた財源を有効に使うことの理解を求める、相互の意識改革を図る必要がある。

（260字）

II　主任論文の作成方法

《 メモ 》

○問題点には、つぎのものがある。

　　①財政環境の厳しさがある。

　　②住民ニーズと行政サービスにミスマッチがある。

　　③弾力的な対応ができない組織運営が見られる。

　　④意識改革がまだ十分ではない。

　　⑤弱体化する地域のコミュニティがある。

　　⑥組織の連係プレーが少ない。

　　⑦行政の守備範囲にこだわる体質がある。

　　⑧地域の活力を活かしきれていない。

　　⑨民間の活力を十分に活かしきれていない。

　　⑩自助・公助・共助の役割分担が明確でない。

○解決策は、問題点の裏返しである。

20 結論〔文例〕

さいごに、結論に入る。

これまでの序論と本論を踏まえて、あっさり締めくくるところである。なかには、主任の決意を述べる人もいるが、それはそれで、差し支えない。

ここも、区役所の行政分野の課題、職場の事務処理の課題と、職場のチームワークなどの課題から出された、それぞれの分野の「締めである」。だから、事前に、締めの内容を用意しておけば、あわてる必要はない。用意のものと違ったとしても、用意のものを少し工夫すれば、使えることが多い。

そこで、テーマが「**職場におけるモラール・アップの施策について、あなたの考えを述べてください。**」の「結論」ならば、次のように書いては、いかがであろうか。

3　区民の願いに応えるために

区民は、区役所の仕事だけでなく、仕事に携わる職員にも、大きな期待を寄せている。

そうした区民の願いや期待に応えるために、より一層、職員一人ひとりが**職場のモラール・アップ**に、努力を重ねていく必要がある。
（120字）

> 「おわりに」でもよい。

> テーマのタイトルにあわせる。

Ⅱ　主任論文の作成方法

21　おわりに

苦労は、どこにでもある。

これまで、何人かの受験生の論文の「添削」や「アドバイス」を行ってきた経験から、申し述べてきた。

ちょっとした添削やアドバイスで、素晴らしい論文に変わる人もいれば、あい変わらず、何を書くべきかを思案して、結局、本番まじかに持ち込んでくる人もいた。

一本書ければ、大丈夫とエールを送るものの、内心は、あと2本書ければ、応用もきくけれどもと、独り言もいった。

でも、合格できれば、本人の努力が報われたと、便りを送る。

主任試験は、論文だけではない。もちろん、択一もある程度、点をとらねばならない。それゆえに、受験者の負担になることは間違いない。

だが、頑張ってもらいたい。

はなしは変わるが、

主任は、「サンドイッチ」に、たとえられることがある。

パンとパンの間に具が挟まったサンドイッチは、中身によって、味が異なる。

それと同じように、係長と係員との間に挟まった、主任の味によって、組織の味も、大きく変わるのである。

であるとすれば、この機会に、主任に必要な択一の基礎的な勉強のみならず、論文を書く勉強にも、挑戦してもらいたい。

やがて、多くの人が、主任となり、係長となり、管理職となって、与えられる、さまざまな企画書づくりや、計画書づくりに、この論文づくりが、役に立つことを、期待するものである。

短期間で身につく**特別区主任論文の書き方**

2018 年 8 月 10 日　初版発行

著　者　昇任・昇格試験スタンダード研究会
発行人　武内　英晴
発行所　公人の友社
　　　　〒 112-0002　東京都文京区小石川５－２６－８
　　　　ＴＥＬ０３－３８１１－５７０１
　　　　ＦＡＸ０３－３８１１－５７９５
　　　　Ｅメール　info@koujinnotomo.com
　　　　ホームページ　http://koujinnotomo.com/
印刷所　倉敷印刷株式会社

特別区主任職　昇任試験対策シリーズ

職員ハンドブック〔2017年版〕完全対応問題集

A5判・並製・536頁・本体3600円
ISBN978-4-87555-700-5 C3030

特別区職員ハンドブック2017【図解・要点整理】

B4判・並製・408頁・本体3800円
ISBN978-4-87555-801-9 C3030

特別区管理職　昇任試験対策シリーズ

区管試・択一対策ハンドブック

A5判・並製・365頁・本体3600円
ISBN978-4-87555-693-0 C3030

区管試・択一過去問題集（平成19年度～平成28年度）

A5判・並製・334頁・本体3400円
ISBN978-4-87555-692-3 C3030